JN186578

ふしぎなちょうちょ

―ひかりのかたみ―

安孫子ミチ　作
金沢まりこ　絵

もくじ

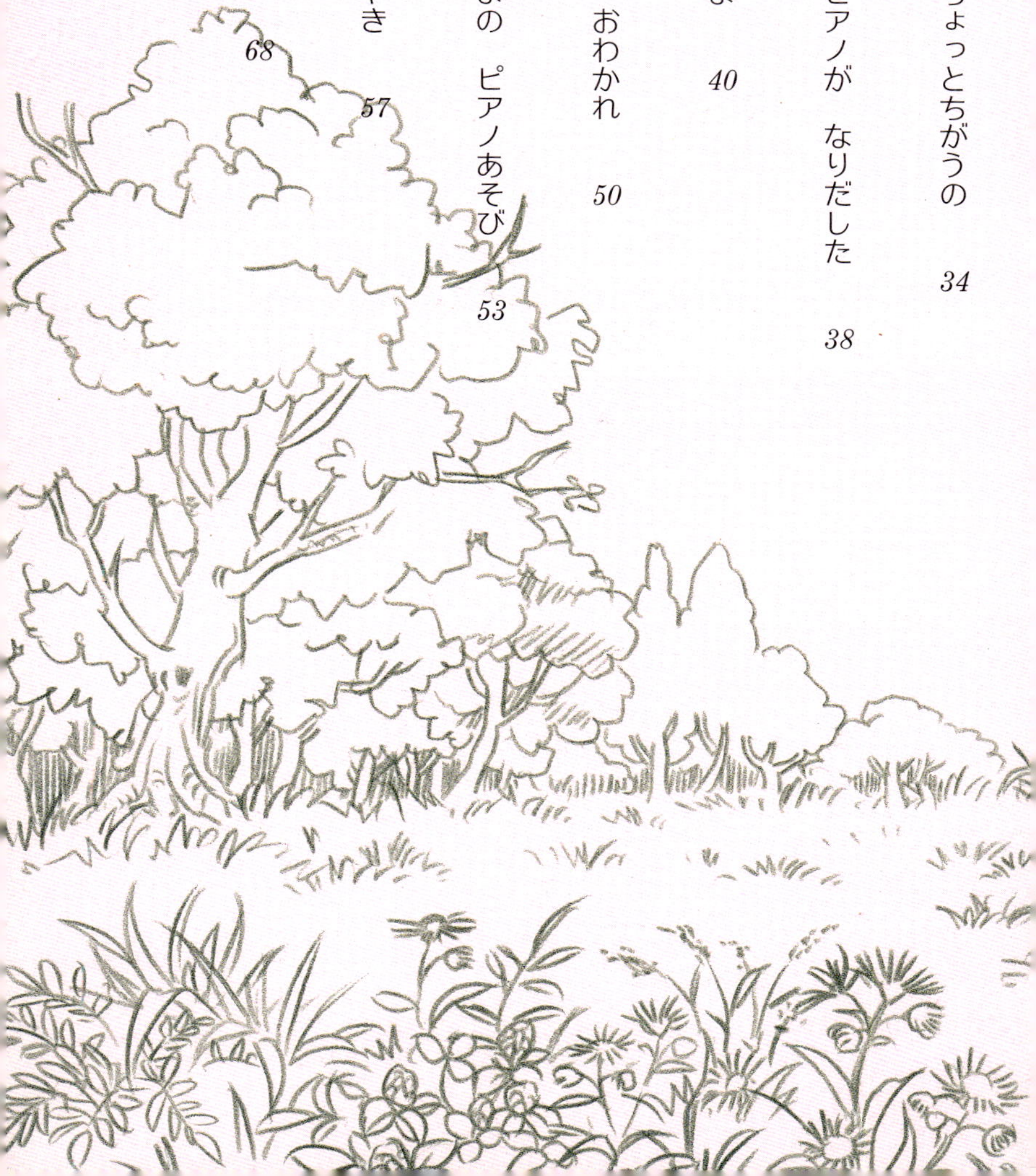

プロローグ

わたし　くろい　ペルシャねこ

このおやしきの

おくさまの　ペットなの

みんなに　ミーシャと　よばれているの

まいばん
よまわり　してるのよ

ねえ
ねえ
ねむっているの？

こんなよふけに　だれかしら
おひろまで
ささやくこえが　きこえるわ

ひかりのなかのちいさなちょうちょ

きり*どから
ちょっと　のぞいてみましょうね

…………

なんだか　へんよ
だれも　いないの

あらっ

ピアノのそばで　うっすらと
なにかが　ひかってゆれている

ちょうちょだわ

ひかりのたまに　つつまれた
しじみちょうより　ちいさなはねが
うすももいろに　かがやいて
それは　きれいよ

ピアノのおでかけ

ねえったら
おめめをさまして　ちょうだい！

かたかた　ことこと　なりだした
けんばんの　ふたの　すきまから
くぐもる*　こえが　もれてくる……

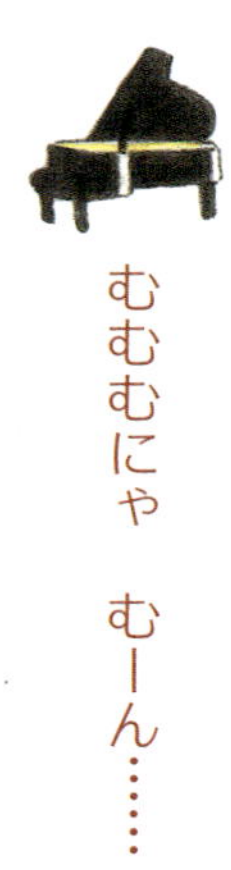

むむむにゃ　むーん……

おや　ちょうちょさん
こんなじかんに
いったい　なんのごようです?

いっしょに
こうえんの　もりまで
おでかけするの

おでかけですってぇ!?
わたくしは　グランドピアノなんですよ
どうやってうごけばいいんです?

そんなの
かーんたん

まずね
うしろのあしを
みぎに　ひだりに　すべらすの
それにあわせて
まえあしを
くいっ　くいって　かきこむの

それって　かんたんなのかなあ？
でも　おっしゃるとおり　やってみますね

どれどれ――
むいっ！

あれよ　あれよと　いうまだったわ
ピアノの　あしが　ゆみなりに

しなりだしたと　おもったら
ぴくぴく　むくくっと
*こむらが　とつぜん　ふくらんで
みっつの　キャスターが
ゆっくり　まわりはじめたの

わたしに　ついていらっしゃい
いっしょだったら
とびらも　まども
めには　みえても　ないのとおなじ
そら　そこの
だんろの　いしの　かべだって
このとおり
ちっとも　じゃまには　ならないわ

コロコロ　スルー
キュル　キュル　スルー

すーっと　かべに　とけこんで
すがたを　けしていく　ピアノ……
ミーシャも　あとをおいましょう

おもては　ひっそりと　しずまりかえり
いしだたみの　みちを
くもに　にじんだ　つきのひかりが
ほのじろく　てらしていました

ゴロゴロ　スルー
スイーッ　スイ

ゴロゴロ　スルー
スイーッ　スイ

おや
ピアノが
ローラースケートを　していますよ

ぱあっと　とおくにくもをはらって
かがやくつきが　かおをだし
ピアノを　てらして　いいました

ほしさんたちも　ごらんなさい！

ひとつ　ふたつと
くもまから　かおをのぞかせ

ほしたちが
めを　ぱちぱち　ぱちくり　させました

もうすこし　いったさきには
しきいしの
はがれたところが　ありますよ

そこをまがると
じゅうじろに
あさい　わだちが　ありますよ

さきまわりして　つぎつぎに
つきが　おしえてくれました
スイーッ　ピョン　ピョン

スイーッ　ヒョイ

ピアノが　ジャンプするたびに
せなかの　ぎんの　ワイヤーが
しぃーん　しゃーん
と　ハミングしながら　ゆれました

ほら　ほら
そこに　きのきりかぶが　ありますよ

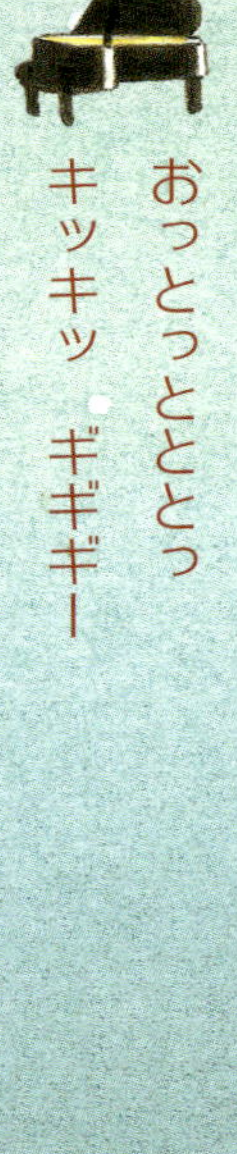

おっとっとととっ
キッキッ　ギギギー

こうえんのもりの　いりぐちは
もう　めのまえに　ありました

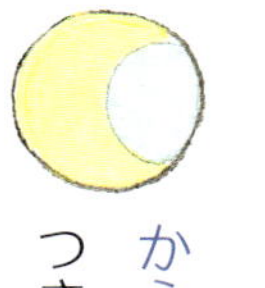

みちあんないを　ありがとう
ピアノが　つきに　いいました
かえりみちも　まかせてね
つきが　ピアノに　いいました

ひみつのおけいこ

いりぐちのもんを　くぐって
しばらくいくと
まるい　しばふの　ひろばがあって
そこには
はのいろづいた　ふといいちょうのきが
たっていました

はい
しゅうてん

ここが
ひみつの　おけいこばしょよ

おけいこばしょって
ちょうちょさん
なにを　おけいこするんです？

ピアノに　きまっているじゃない！
これから　すぐにはじめるわ

パタン……

ピアノが　ふたをひらくなり
けんばんのちかくで
ひらひらと
るりいろのひかりが　ゆれました
ちょうちょが　おどりだしたのです

そうしたら
いったい　どうしてなのかしら

ちょうちょのあとを　おいながら
ぞうげのキーが　ひとりでに
ピョコン　ピョコンと　うごきだし
ちいさく　ピアノが　なりだしました

ソ　ラ　ソ　ラ　ソ
ラ　ラ　ソ　ラ　ソ　ファ　ミ　レ　ド

ソラソラソラソ？
いつだっけ
こんなメロディー
ならしたことが　あったなぁ

このつぎのところは
おもいっきり　とぶんだから
けんばんは
しっかり　はずまなくては　だめよ

えいっ

ソ　ラ　ソ　ラ　ソ　ラ　ソ
ラ　ラ　ソ　ラ　ソ　ファ　ミ　レ　ド

おもいだした！

ちょうちょさん
ソラソラ・ソラソ　の　ところはね
ソラソド・ソラソ　と　ひくのです

ピアノのことは
なんでも　ピアノに　ききましょう
わたくしの　レッスンを　おうけなさい
じょうたつ　まちがいなし　ですよ

ここは　スタッカートで　はぎれよく

はいっ
ソ・ラ・ソ・ド・ソ・ラ・ソ
もりに　ピアノのこえが　ひびきます

ふくろうのおやこ

いちょうの　たかいひとえだで
ふくろうのおやこが
おけいこを　みつめていました

ぼうやが　こくびをかしげていいました

あれは　くじらのおばけなの？
はをむきだして　わらっているよ

ゆっくりと　かぶり*をふって
とうさんふくろうが　いいました

ぼうやは　ピアノを
はじめて　みるんだものねえ
あれは　がっきなんだよ

ほうら　きこえてくるだろう
これが　ピアノの　ねいろだよ
いっしょに
ぼうや
すんだひびきを　よくおきき

とうさんふくろうは　そういって
しずしずと
うるんで　ひかる
ふかいインディゴブルーのめを

とじました

すこしつめたい　よかぜがふいて
いちょうが　さやぎ*
ピアノの　うえを
こがねの　おちばが　まいました

きょうのおけいこは　これでおしまい
あしたのよるも　むかえにいくわ

くるくると　おどるおちばに
まぎれるように
ふっと　ちょうちょが　きえました
と　おもったら　またあらわれた

わすれちゃ　たいへん
いっしょに　かえるんだったわね
でないと　あなた
このまま　ここで　よあかしよ

いつしか　そらは　すみわたり
つきのひかりが
しずまる　やみを
あお　ひといろに　そめていました

いちょうのはかげにのぞくのは
ピアノを　みおくる　ふくろうの
だるまのような　シルエット

もりをでて
もときたみちを　たどる　ピアノに
ふくろうのぼうやが　おいついて
こえをはずませ　いいました

くじらみたいな　ピアノさん
きれいなおとを　ありがとう
すてきなきょくを　ありがとう
あしたのよるも　また　きてね

ゆったりと
くじらが　からだをうねらすように
プイーン
プイーン
と　おしりをふって

ハミングしながら　きげんよく
ピアノは　かえっていきました

みまもるつきが　いいました

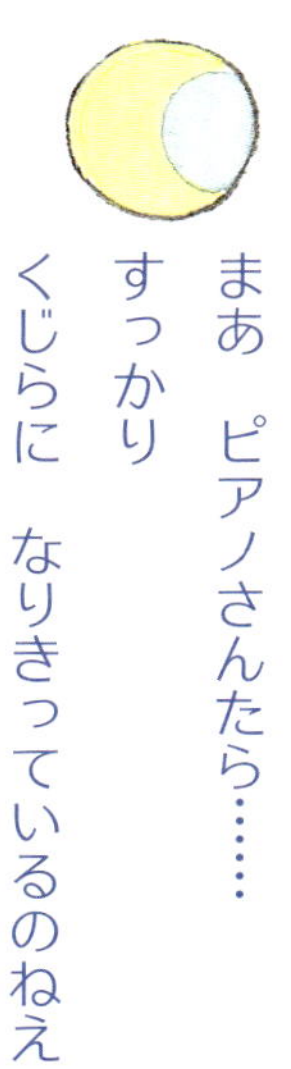

まあ　ピアノさんたら……
すっかり
くじらに　なりきっているのねえ

おくさまの　おからだが　しんぱい

わたくし　このおやしきのメイド*です

おくさま……

おきぶんは　いかがでございます?
おへやにとじこもりなさってばかりでは
おからだにさわるのではないでしょうか

ごらんくださいまし
この　いちょうのおちば
けさ
おひろまのゆかに　なんまいも

いよいよ　あきも　ふかまりました
こうえんの　もりの　いちょうが
まぶしいほどの
こがねのさかりでございます

これから　おちゃのじかんまで
ちょっとした　もりあるきなど
いかがでしょう
もりのくうきに　ふれるのも
ときには　いいものですわ

いいこと　ミーシャ
いねむりばかりしてないで
いっしょに　おともするのよ

それは　さておき
この　おちば
いったい　どこから
おひろまに　まいこんできたのでしょう
ゆうべだって
とぐちも　まども
きちんと　かぎをかけましたのに……

みじかい　あきの　ごごがすぎ
ひは　あしばやに　くれていきました

すこしは
おきもちもまぎれるかしらと
おさんぽに

おさそいしては　みましたが
ごようすに
どうやら　かわりはないようですわ
ミーシャも　がっかりしたでしょう
せっかく　おともしたのにねえ
いかがでしょうね
しつじさん*
ピアノをおすすめするというのは……
あれほど
うちこんでいらした　ピアノですもの
くらく　くらくと
しずむばかりの　おきもちを

すこしでも
ピアノのほうに
むけてくださるようならば
いいほうに
ことがはこびは　しないでしょうか

あした　すぐにも
おくさまに
おはなしをしてみますわ

こんやは　ちょっとちがうの

おけいこが　みっかつづいて
よっかめのよる
よまわりが　おわっても
ちょうちょは
ピアノを　むかえにきませんでした
まちきれなくなって
ひみつのおけいこばしょに　いってみると

ホウ　ホウ　ホウ　ホウ
ホウ　ホウ　ホウ
ホウ　ホウ　ホロロッホ

ホロロッ　ホロロッ　ホウ

いつにもまして　しずかなもりで
ふくろうたちが　うたっています
まあ！
いつのまに　おぼえたの？

ずいぶんまってみたけれど
ちょうちょは　ここにも　やってきません

おひろまにもどって
ピアノといっしょに　まちましょう

ピアノさん
おきている？

やっと　ちょうちょが　あらわれました

もちろんですとも
こんやは
おそくなったから
ふくろうさんたち
くびをながくして
まっていますよ
さあ！
でかけましょう

あのね　じつはね　こんやはね

ちょっと　ちがうの

よほどのわけがあるのでしょう
ちょうちょのささやきは
ちいさくなっていくばかり
そのさきを　ききとることは
ミーシャには　もう　できなかったの

まよなか　ピアノが　なりだした

しばらくして
ソ　ラ　ソ　ド　ソ　ラ　ソ
ラ　ラ　ソ　ラ　ソ　ファ　ミ　レ　ド
とつぜん　ピアノから
えんりょない　おとが　とびだしました

めをさましてから
しばらくは
むしろ
うれしいおもいでいましたの
アマリリス*のきょくは　いがいでしたが

ピアノのおとを　みみにするのは
ほんとうに　ひさしぶり
なんども　おすすめしたかいがあったわ
って

ただ
いくらなんでも
じかんが　じかん

おからだのことも　きになって
あとは　あしたになさっては　と
おすすめにあがることに　しましたの

ひかりのたま

にどめの　ノックで
ピアノのおとは　やみました
おくさま

おくさま

まあ
あかりもおつけなさらずに

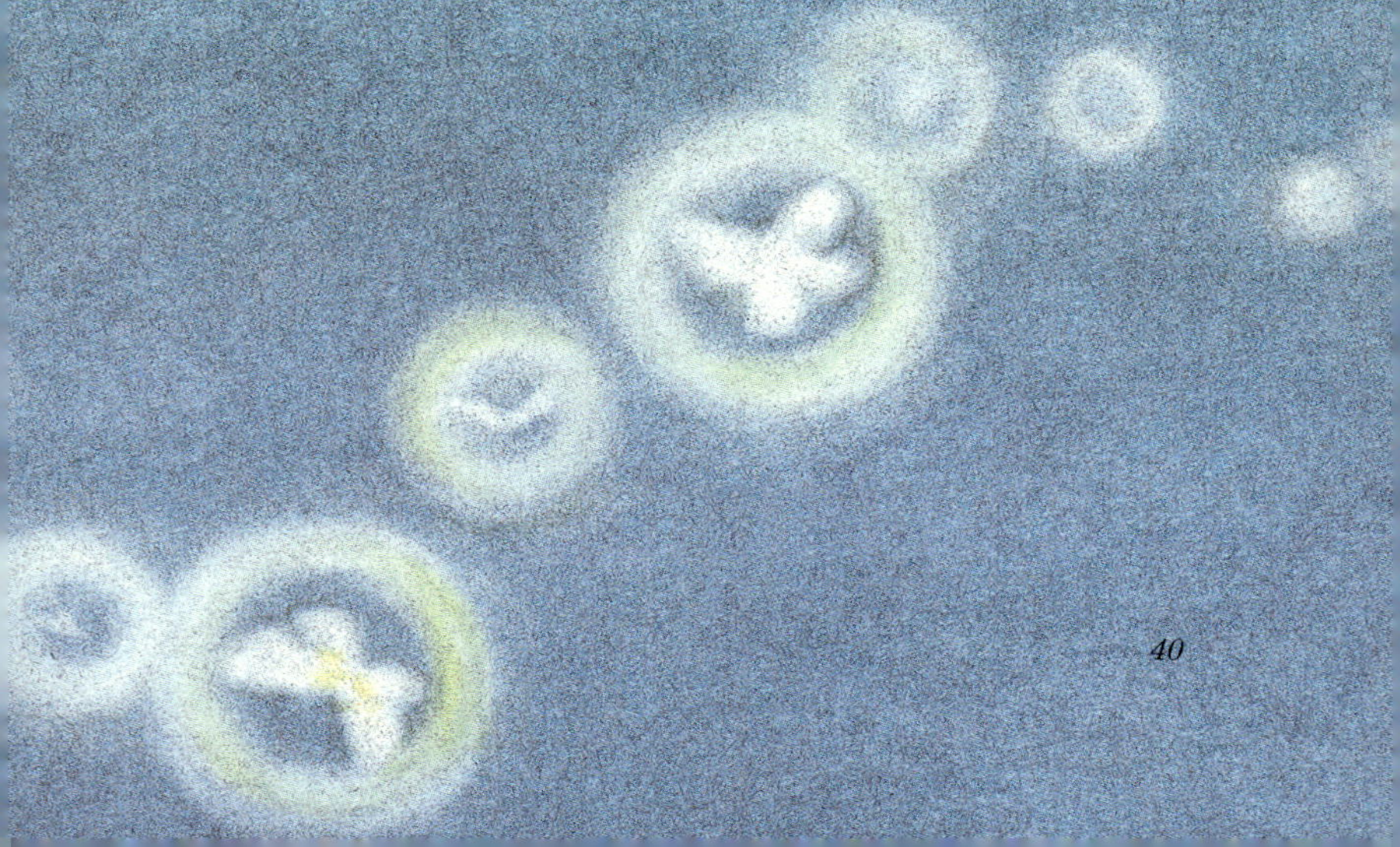

ピアノのふたが　あいたまま
しずまりかえる　おひろまに
みじかく　るりいろの　おをひいて
ゆれてただよう
ひかりのたまが　みえました

よくよく　みると
ゆれうごく　ひかりのなかに
ちょうちょが　いっぴき
かがやいて　うかびあがってきたのです

まるで　スキップするように
ひらひら　ぴょんぴょん　おどるはね
そのはねが　わたくしのほほに
やさしくふれて　すぎたとき

ふっと　ほのかに　うしろから
こうすいが　かおりましたの

ふりむくと
そこには　おさがししていた
おくさまが
あおざめた　おかおで
たっておいでになりました

なにか　おかしい
ピアノは　いったい
だれが　ならしていたのでしょう
おくさまが　ここにおいでになるいじょう
おひろまの　くらやみに
いきをひそめて　いま　だれかがいる

ってことになりますわ

おくさまは　りょうてのなかに
そっと　ちょうちょを　すくいとり
わたくしには　おくちをとざして
めもくれず　すーっと　おひろまに
はいっておしまいになりました

いやな　よかんは　したのです
あの　ちょうちょ
ぞっとするほど
つめたかったんですもの

おそるおそる　おひろまに　めをやると
あんのじょう

やみをよこぎる
だれのものともしれぬ　めが
ぎらり　と　ひかって
わたくしを　みかえしてくるでは
ありませんか

おつれもどしに
はいろうか　はいるまいかと
ドアを　はんぶんあけたまま
おひろまの　けはいをさぐっておりますと

くらがりの　ひきてのいない
ピアノのまえで
ひかりのたまが　ゆらぎだし
けんばんに　ぽんと　ひととびすると

また　まえぶれもなく　なりだした
アマリリスの　うたにあわせて
みぎに　ひだりに　はずみだしたのです

でも　しつじさん
ふしぎなことは　まだありました

あれは　おくさまを　まえにして
ピアノが　にどめの　アマリリスを
かなではじめたときでした
ゆるやかに　うきつしずみつしていた
キーが　とつぜん　きそいあうように
せわしく　うごきはじめましたの
あの　あどけないメロディーに
ときには　ひかりが　ふるえるように

ときには　ひかりが　うずまくように
かさなり　とけあい　ひびきあう
きらめきおどる　おとのかずかず……
そのうつくしさ　わざのさえ
たとえることばが　みつかりません
おひろまには　もうひとり
めにはみえない　それも*てだれの
ひきてがいたのです

おくさまは　いすをピアノのそばによせ
うたにあわせて　おどるちょうちょを
みまもりながら
ききいっておいでのごようす

なにも　しんぱいすることは

なかったのではないかしら
ピアノが　なるなり
なぜか　きえてしまった　ひかるめが
まだ　きにはなるものの
ほっと　ひといき　ついたときでした

とつぜん
ひかりのたまが
パパッ　パパッ　と　にどさんど
まぶしいほどに　かがやいて
ゆっくりと
ふたつに　さけて　いったのです

ピアノにかけより　ひめいをあげて
けんばんに　てをのべたなり
たおれかかる　おくさま……

もう　ためらいなどは　ふきとびました
われをわすれて　かけよって
だきおこそうと　おくさまに
あと　もういっぽというときに

ウンギャギャギャー　ヒンギャー!!
あしもとから　ちもこおるような
おめきさけぶ*　こえが……

すーっと　めのまえが　くらくなって
そのばに　くずおれて*　しまいましたの

しつじさんたちが
かけつけてきてくださるまで
あとの　きおくは

すっかり　とんでしまっています
なんとか　ぶじで
こうして　ごほうこくできるのが
ゆめのようですわ

ミーシャ　こちらへいらっしゃい
ゆうべは　わたくしと　いっしょに
おひろまで　き・をうしなっていたそうね

かわいそうに
いったい
どんな　おそろしい　おもいをしたの？

とつぜんの　おわかれ

そうですねえ
ほんとうに　はやいもの
あの　ふしぎなよるが　あけてから
もう　はんとしもたちますわ

しつじさんが　おっしゃるとおり
あのころの　おくさまのごようすは
おなぐさめするすべが
みつからないほどでした

おじょうさまとの　おわかれが
あまりに　とつぜんでしたもの

おきのどくに
どれだけ　つらいおもいを
かさねなさったことでしょう

かてて*くわえて
あの　きみわるいハプニング……

ひとかたならず　さきゆきを
わたくし　あんじたものですわ
ひとりでに
それも　まよなか
ピアノが　なりだすのをみたら

だれでも　おもうことでしょう
また　ひとつ　このいえに
わざわいが　おこる
*きざしじゃないかしらって

でも　わからないものですわ
なにが　さいわいしたのでしょう
あのよるを　さかいに
おくさまは
ひにひに　あかるいおこころを
とりもどしなさって
もとのとおりの　*ゆかしいおひとがらに
かえっていってくださいました
ですから
おそろしいめにあわされはしましたが

はんとしまえの
あのまよなかのひとときを
いまでは
なつかしくふりかえることができますわ

おじょうさまの　ピアノあそび

アマリリス……
あのうたには
とくべつな　おもいが　ありますの

なくなる　ほんのすこしまえ
おじょうさまは
おくさまとごいっしょに

ピアノあそびをしたものでした

おうたにあわせて
ひとさしゆびで
ぽつん　ぽつんと
おひきになった　アマリリス

なにかにつけて
せつなく　おもいだしますの

あのときの
いとけない　おうたいぶりと
おぼつかない　ゆびのはこびを

まだ　みっつ

ほそい　みじかい　ゆびでした
あの　ひとよかぎりで
ピアノは　ふっつりと　なりやんで

ちょうちょは　あれから
ゆくえしれずに　なりました

ぶきみだけれど
うつくしい　あの　はねを
いまいちど
どんなにみたいと　ねがっても
それは　かなわぬ　ゆめですわ

いのちみじかい　ちょうちょですもの

あら　もう　こんなじかん
つきが　あんなに　たかく　のぼったわ
ミーシャ　おやしょくがすんだら
おくさまの　おへやに　すぐもどるのよ
よまわりなんて　しなくていいの

ミーシャはね
もうすこし　ここにいたいわ
そっと　みみうちするように
つきが　ささやくこえがするの
いっしょに　おはなしを　ききましょう

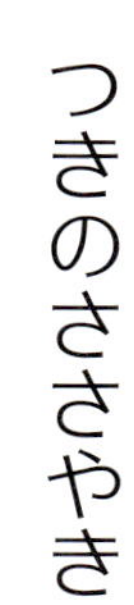

つきのささやき

あれは
いきた　ちょうちょではなかったわ

あのよる
わたしは　みたのです
けんばんに
ちいさな　かげが　おどるのを……

ひかりを　つよく　あてたらね
とんとん　ととんとキーをふむ
かわいい　すあしが　みえました

そのたびに
ぽろろん　ぽろろんと
ピアノが　なっていましたよ

よくよく　みると
ちいさな　あしも　ても　かおも
みんな　あの
まるい　ひかりに　かくれていたわ

あのこが　あんなに　ちいさくなって
ひかりを　はなちだしたのが
いつだったのかは
あのこだけしか　しらないの

でもね
とびはねる
あのこの　あたまの　てっぺんで
おおきなリボンさながらに
ふわふわ　はずんでいた　ちょうちょ

そのしょうたいは
ママと　わたしも　しっていますよ

おわかれのひの　まえのよる
しょくだいのあかりのともるおくのまで
あふれるはなに　つつまれて
ほほえんだまま　めをつむる
あのこのかおを
わたしは　てらしてやりました

あの　ちょうちょは　よあけまえ
ひとりで　よとぎ*をしていたママが
あのこの　かみに　かざってあげた
らでんざいく*の　かみかざりだったの

やこうがいって
しんじゅのように　ひかるでしょう?

ですからね　メイドさん
あのときは
めのまえの　たまに　うかんでゆれている
はねのもようを　みて　すぐに
ママは　きづいたはずですよ
るりいろの　ひかりを　みにまとい

あのこが　あいにきたことに
よく　はれた　あさになり
とじた　ひつぎに　かおをふせ
てつやつづきの　せいでしょう
うとうとしていた　ママのせに
ひが　さしてきた　ときでした

じわじわと
かみに　インクが　しみでるように
ひつぎの　ふたに
いっぴきの　ちょうちょの　かたちが
うきでてきてね
ひかりだしたと　おもったら
ふわりと　うかびあがったの

はねをつまんだ　まっしろの
ろうにんぎょうのような　てが
ちょうちょといっしょに
まぶしい
あさの　ひかりに　とけていくのを
わたしは　みたような　きがするわ

メイドさん
あなたが　きを　うしなってから
すぐに　ピアノの　おとは　やみました

ことっと
けんばんのうえに

かみかざりがおちて　それきりよ

でも　あんしんなさい

らでんざいくの　ちょうちょは
あなたのおくさまの　おへやにいるわ
アマリリス*のはなのかたちの
ほうせきばこのなかに

ふたつにわれた　ひかりのたまは
そのまま
きえてしまった　わけではないの

かたほうは　いまは
はるかな　てんのたかみで

うずをまき　ひかりをちらす
ほしに　まじって
ひときわ　あかるく　かがやいているわ

るりいろの　ほしのひかりで
ひどめで　あのこと　わかったの

もう　かたほうは
ずいぶん　さがしてみたけれど
なかなか
みつけることが　できなかった

あきらめかけていたときに
ものはためしと　いうでしょう
ほしに　ゆくえを　たずねてみたの

おもいがけなく　あっさりと
こえをそろえて　ほしたちが
こたえを　おしえて　くれました

あれから
ずっと　ママといっしょよ！
って

あたらしく　かがやきだした
ひとつぶの　ほしとは　ちがい
めには　すこしも　みえないけれど
あのこの　ママの　こころのうちで
きらきらと
ひかりつづけているんですって

ほしたちは
みんな　そうして　ゆかりのひとに*
こわけした　ひかりのかたみを
のこしていったそうですよ

アマリリス

わたしにも　わすれられない
うたのひとつになりました

ピアノの　おとに　さそわれて
おひろまの　とぐちにたった
ママに　かけより
あのこは　いったわ

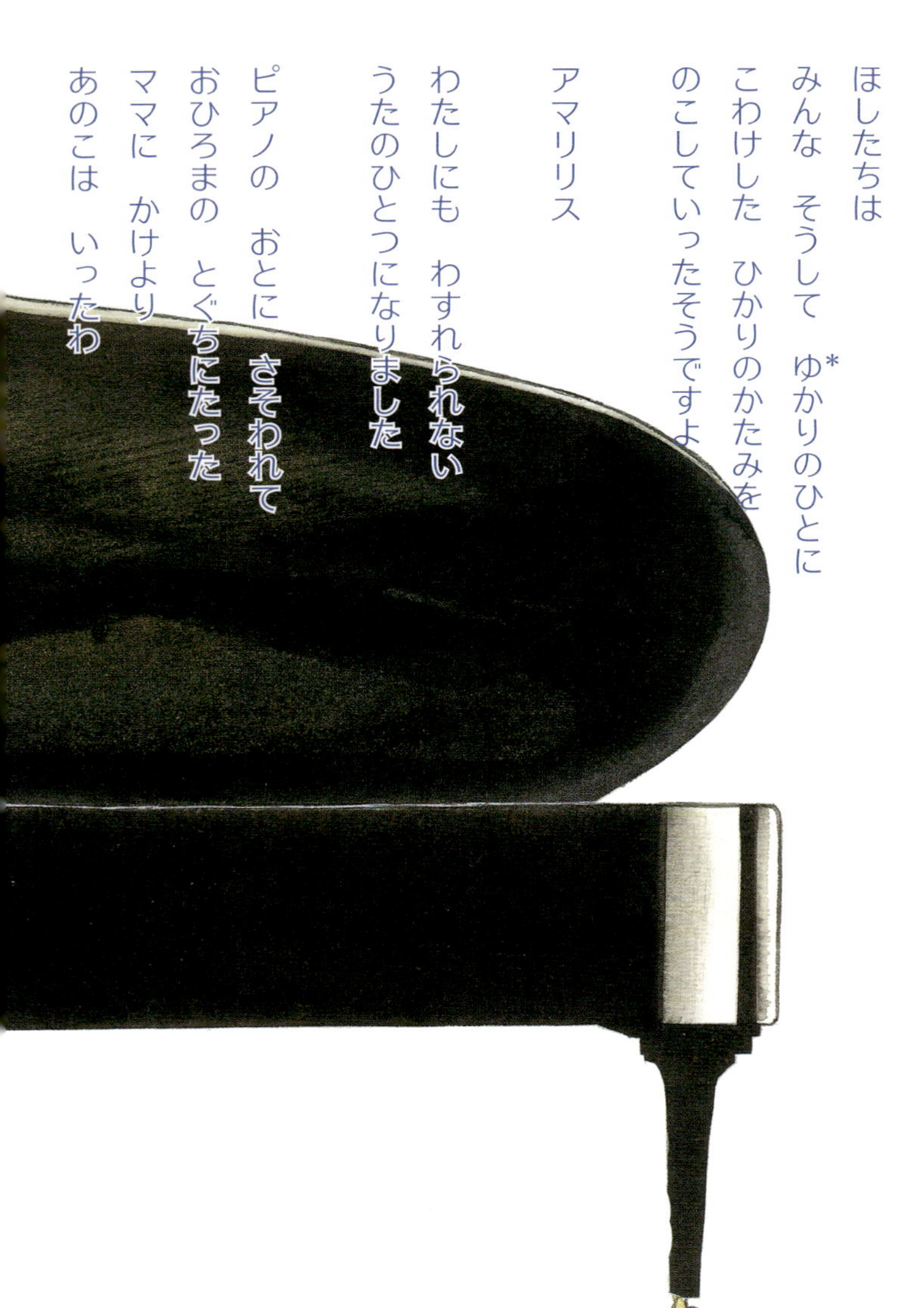

ママ　ママ
きいて
アマリリス
こっそり　おけいこ　していたの
って

あの　こえが
ママにも　たしかにとどいたことを
いまも
わたしは　ねがうのです

エピローグ

つきひは　ながれ
よくとしの　なつも　まぢかになった
まんげつの　よるのこと

ホウ　ホウ　ホウ　ホウ
ホウ　ホウ　ホウ
ホウ　ホウ　ホロロッホ
ホロロッ　ホロロッ　ホウ

あら　ふくろうたちが　うたってる
こうえんのもりできいた

あの　アマリリスの　うただわ

ミーシャさん　よまわり　ごくろうさん
おひろまで　きいたら
もっと　よく　きこえますよ

おや　そのこえは　ピアノさん？

そう　そのとおりです
きりどから　おひろまに　おはいりなさい
ほら　つきのひかりに　てらされた
ヒマラヤすぎの　こずえに
さんわの　ふくろうが　いるでしょう

やっぱり　おやこの　ふくろうだわ

あのときの　ぼうやも
いまでは　おにいさん

あれっ？　ピアノさん
ぴくっと　うごいたかしら

はい　わたくしは
アマリリスのうたをきくと
じっとしていられません

うすめで　あたりを　うかがうように
トップボードが　すこしひらいて
また　とじて
けんばんのふたが　あきました

ならんだキーの　そこここが
さざなみがたつように　ゆれはじめ
きこえてくるのは
ハンマーのさきが
そっと　ワイヤーをたたくおと

かすかに　かすかに　なるうたは
そうよ　たしかよ
わすれられない　あのよるに
わたしが　きいた　アマリリス

*スコアどおりの　メロディーに
ちりばめられた　*アドリブの
*トリルに　*ターン　*アルペッジョ

あふれはじける　おとはさえ
うたは　たちまち　はなやぐの
きらやかに*　のこる　ひびきも
すきとおり
みみに　こころに　しみいるわ

いまなる　おとは　ピアニッシモ*
あのひの　おとは　メゾフォルテ*
おとのちがいは　それだけよ

ごくろうでした　ピアノさん
あのこのために　れんだんしながら
さいごの　よるは
おもいきり　うでをふるって
ちからになって　あげたのね

いま　はっきりと　わかったわ

この　ちいさな　ピアノのおとも
ふくろうたちの　みみには
きっと　よく　きこえるのでしょう

ピアノが　きざむ　リズムをふんで
＊メトロノームの　ふりこのように
からだを　ゆらしあいながら
ふくろうたちは　うたっています
ボーイソプラノ　バリトン　バス
しびれるような　ハーモニー
しっかり　おさらいしたのねえ

つきさんにも　きこえるかしら

ピアノのおとも
ふくろうたちの　うたごえも
そらに　とどいて　きましたよ

あなたたちにも　みせたいわ
いまね
そらいっぱいの　ほしたちが
うたに　ぴたりと　ちょうしをあわせ
またたきだしたところなの

パッチン　パパパッ
パッチン　パパパッ
って

まあ　つきさん
ほしも　みんな
アマリリスのうたが　すきなのねえ

そうよ　そういう　あなたも
だいの　だいすきよね
アマリリスのうたが　きこえると
いつも　うっとり　ききほれていたわ
もりのなかでも　おひろまでも

ところで
あのよるは　さいなんだったわね

メイドさんたら

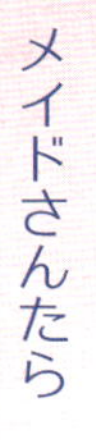

あなたの　だいじな　しっぽを
いきなり　ふみつけるんですもの
あの　ものすごい　ひめい……
ずいぶん　いたかったんでしょう?

本文注

*（P6）きりど　大きな扉や戸につけた「くぐり戸」のこと

*（P8）くぐもる　声などが中にこもってはっきりしない

*（P11）こむら　足のふくらはぎ

*（P23）かぶり　頭

*（P25）さやぎ　ざわざわと音をたてる

*（P29）メイド　家庭の仕事を手伝う人→お手伝い（さん）・家政婦

*（P32）しつじ　上流家庭の事務を執ったり働く人たちにさしずする役の男性

*（P38）アマリリス　フランス民謡

*（P46）てだれ　腕きき・じょうず

*（P48）おめきさけぶ　大声でわめきさわぐこと

*（P48）くずおれる　へなへなとくずれるようにすわりこんだりたおれこんだりする

*（P51）かててくわえて　そのうえ、さらに

*（P52）きざし　ものごとがおこりそうな気配

*（P52）ゆかしい　しとやかで気品がある

*（P60）よとぎ　寝ないで夜どおし死者のそばにいること

*（P60）らでんざいく　主に漆器や帯などの伝統工芸につかわれる技法。貝がらの内側、虹色の部分をつかってはめ込む。螺は貝、

鈿はちりばめること

＊（Ｐ63）アマリリス　ヒガンバナ科の球根多年生植物。六、七月頃に、香りのつよい、赤、オレンジ、白などの花をつける。

＊（Ｐ66）ゆかり　かかわりあいや、つながりのあること

＊（Ｐ71）スコア　総譜

＊（Ｐ71）アドリブ　即興演奏

＊（Ｐ71）トリル　装飾音の一種。ある音と、それより二度上または下の音とをかわるがわる早く奏する

＊（Ｐ71）ターン　装飾音の一種。回音。ひとつ上とひとつ下の音を使い、くるっと回るように弾く装飾記号

＊（Ｐ71）アルペッジョ　和音を構成する音を一音ずつ順番に弾いていくことで、リズム感や深みを演出する演奏方法

＊（Ｐ72）きらやかに　華やかで美しいさま

＊（Ｐ72）ピアニッシモ　ソフトな音を指示する記号

＊（Ｐ72）メゾフォルテ　やや大きく、という指示を表す記号

＊（Ｐ73）メトロノーム　一定の間隔で音を刻む音楽用具

安孫子　ミチ（あびこ　みち）
昭和15年生まれ
福島大学学芸学部卒
日本児童文芸家協会会員

金沢　まりこ（かなざわ　まりこ）
45歳から独学で絵を描きはじめる。
現在は児童書、小中教科書、書籍、新聞小説などに挿絵制作。
HP工房みちくさ

NDC 726
神奈川　銀の鈴社　2016
80頁　18.8cm（ふしぎなちょうちょ―ひかりのかたみ―）

銀鈴・絵ものがたり

2016年12月23日初版発行
本体1,500円＋税

ふしぎなちょうちょ―ひかりのかたみ―

著　者　安孫子ミチ©　絵・金沢まりこ©
発行者　柴崎聡・西野真由美
編集発行　㈱銀の鈴社 TEL 0467-61-1930 FAX 0467-61-1931
〒248-0005 神奈川県鎌倉市雪ノ下3-8-33
http://www.ginsuzu.com
E-mail info@ginsuzu.com

ISBN978-4-87786-462-0 C0092
落丁・乱丁本はお取り替え致します

印　刷　電算印刷
製　本　渋谷文泉閣